Der grüne Fuchs

Max Bolliger

Der grüne Fuchs

Zwei mal sieben Märchen und Parabeln

Eschbach

Max Bolliger, bekannter Lyriker und Kinderbuchautor, wurde 1929 im Kanton Glarus (Schweiz) geboren. Seine Arbeit wurde vielfach ausgezeichnet; er erhielt unter anderem den C. F. Meyer Preis, den Deutschen Jugendliteraturpreis, den Holländischen Silbernen Griffel, den Katholischen Jugendbuchpreis der Deutschen Bischofskonferenz und den Großen Preis der Deutschen Akademie für Kinder- und Jugendliteratur. Die Theologische Fakultät der Universität Zürich verlieh ihm den Ehrendoktor.

Das Umschlagbild „Der grüne Fuchs", Aquarell mit Pastellkreide, wurde von der Künstlerin **Barbara Trapp** gestaltet. Sie ist 1950 in Leipzig geboren. Nach einem Studium an der Hochschule für Kunst und Design „Burg Giebichenstein" in Halle/Saale war sie wissenschaftliche Mitarbeiterin im Modeinstitut der DDR in Berlin (Bereich Modeforschung). Später war sie zunächst Lehrbeauftragte, anschließend wissenschaftlich-künstlerische Mitarbeiterin an der Hochschule der Künste Berlin (Fachbereich Design). Seit 1987 ist sie freiberuflich tätig. Sie wohnt und arbeitet in Bad Krozingen.

Bibliographische Information der Deutschen Nationalbibliothek:
Die Deutsche Nationalbibliothek verzeichnet diese Publikation in der Deutschen Nationalbibliographie; detaillierte Daten sind im Internet über http://dnb.d-nb.de abrufbar.

ISBN 978-3-88671-739-2

Im Alten Rathaus/Hauptstr. 37
D-79427 Eschbach/Markgräflerland

www.verlag-am-eschbach.de

Gestaltung: Ulli Wunsch, Wehr.
Satz und Repro: Schwabenverlag Media der Schwabenverlag AG, Ostfildern-Ruit.
Herstellung: Süddeutsche Verlagsgesellschaft Ulm.

I

Das schönste Lied

Es war einmal ein König.
Der König hatte einen Traum.
Er sah einen Baum,
und auf dem Baum
saß ein Vogel
und sang ein Lied.

Am andern Tag
ließ der König
den Vogelfänger kommen.
Er sagte zu ihm:
„Ich hatte einen Traum.
Ich sah einen Baum
und auf dem Baum
saß ein Vogel
und sang ein Lied.
Geh und fange mir den Vogel."

„Jawohl, Herr König!"
sagte der Vogelfänger.
„Was für ein Vogel ist es?"

Doch der König
wusste es nicht.
„Geh und suche ihn!"
befahl er.

„Ich gebe dir sieben Tage Zeit."

Der Vogelfänger erschrak,
denn er fürchtete sich
vor dem Zorn des Königs.

Er nahm seine Flöte
und sein Netz
und ging in den Garten.
Er versteckte sich
hinter einer Mauer
und spielte das Lied der Amsel.

Und als die Amsel
aus ihrem Nest kam,
fing er sie mit dem Netz,
sperrte sie in einen Käfig
und brachte sie dem König.

„Nein", sagte der König,
„das ist nicht der richtige."

Am zweiten Tag
nahm der Vogelfänger
seine Flöte
und sein Netz
und ging aufs Feld.
Er versteckte sich
hinter einer Hecke
und spielte das Lied der Lerche.

Und als die Lerche
aus ihrem Nest kam,
fing er sie mit dem Netz,
sperrte sie in einen Käfig
und brachte sie dem König.

„Nein“, sagte der König,
„das ist nicht der richtige.“

Am dritten Tag
nahm der Vogelfänger
seine Flöte
und sein Netz
und ging an den Fluss.
Er versteckte sich
hinter einem Stein
und spielte das Lied des Pirols.

Und als der Pirol
aus seinem Nest kam,
fing er ihn mit dem Netz,
sperrte ihn in einen Käfig
und brachte ihn dem König.

„Nein“, sagte der König,
„das ist nicht der richtige.“

Am vierten Tag
nahm der Vogelfänger
seine Flöte

und sein Netz
und ging in den Wald.
Er versteckte sich
hinter einem Baum
und spielte das Lied der Drossel.

Und als die Drossel
aus ihrem Nest kam,
fing er sie mit dem Netz,
sperrte sie in einen Käfig
und brachte sie dem König.

„Nein“, sagte der König,
„das ist nicht der richtige.“

Am fünften Tag
nahm der Vogelfänger
seine Flöte
und sein Netz
und ging an den Waldrand.
Er versteckte sich
hinter einem Gebüsch
und spielte das Lied des Zaunkönigs.

Und als der Zaunkönig
aus seinem Nest kam,
fing er ihn mit dem Netz,
sperrte ihn in einen Käfig
und brachte ihn dem König.

„Nein“, sagte der König,
„das ist nicht der richtige.“

Am sechsten Tag
nahm der Vogelfänger
seine Flöte
und sein Netz
und ging in den Park.
Er versteckte sich
hinter einem Brunnen
und spielte das Lied der Nachtigall.

Und als die Nachtigall
aus ihrem Nest kam,
fing er sie mit dem Netz,
sperrte sie in einen Käfig
und brachte sie dem König.

„Nein“, sagte der König,
„auch das ist nicht der richtige.“

Am siebten Tag aber
wusste der Vogelfänger
kein Vogellied mehr.
Er ging vor das Schloss
und versteckte sich nicht.
Er nahm seine Flöte
und spielte sein eigenes Lied.
„Es ist zum letzten Mal“,
dachte er.

„Der König wird mich
ins Gefängnis werfen
und mir die Flöte wegnehmen."
Er spielte so schön,
wie noch nie zuvor.

Der König,
der beim Frühstück saß,
legte Gabel und Messer weg.
„Das ist das Lied!",
rief er.
„Das ist das Lied,
das ich im Traum gehört habe!"

Er ließ den Vogelfänger
sogleich zu sich rufen.
„Wo ist der Vogel?"
fragte er.

„Das ist kein Vogel",
sagte der Vogelfänger,
„das ist mein eigenes Lied."

„Dein eigenes Lied?"
fragte der König
und staunte.

Er wollte es
wieder und wieder hören.
Vor Freude machte er ein Fest.

Nachher aber
schenkte er allen Vögeln
und natürlich
auch dem Vogelfänger
die Freiheit wieder.

Der bunte Vogel

In einem großen Wald
lebten ein Riese
und ein Zwerg zusammen.
Sie waren sehr alt
und von allen Riesen und Zwergen
die letzten.
Jeder fühlte sich
auf seine Art einsam,
der eine laut,
der andere leise,
aber beide
wünschten sich nichts so sehr,
als sich in eines jener Wesen
zu verwandeln,
die sich Menschen nannten.

Doch wenn du denkst,
der Riese und der Zwerg
hätten sich gegenseitig
getröstet,
dann irrst du dich.
Je älter sie wurden,
umso mehr fingen sie an,
einander zu quälen
und sich das Leben
schwer zu machen.

Der Riese zeigte dem Zwerg
seine Riesenfäuste.
Er blies ihm seinen Atem ins Gesicht
oder er stemmte ihn in die Luft,
setzte ihn auf den Gipfel einer Tanne
und sah höhnisch lachend zu,
wie er mühsam
wieder hinunterkletterte.

Der Zwerg dagegen zeigte dem Riesen
seine Zwergenzunge,
verspottete ihn mit Worten
oder schlich sich heimtückisch an,
zwickte ihn in die Waden
und sah hämisch lachend zu,
wie er vergeblich
nach dem Übeltäter suchte.

Trotzdem blieben sie
einer in des andern Nähe.
Sie brauchten einander,
weil sie sonst niemanden hatten,
den sie mit groben Fäusten ängstigen
oder mit einer bösen Zunge kränken konnten.
Die Tiere des Waldes
wollten mit den beiden
schon längst
nichts mehr zu tun haben
und gingen ihnen aus dem Weg.

Eines Tages fanden
der Riese und der Zwerg
einen verletzten Vogel.

Es war keine Amsel,
es war kein Specht
und es war kein Eichelhäher.
Er war grau und unscheinbar,
ein Vogel ohne Namen.

Er lag auf der Erde
und schaute sie
mit seinen runden Augen
bittend an.

Sie hoben ihn auf
und bauten ihm ein Nest.
Sie gaben ihm zu essen
und sie gaben ihm zu trinken.

Und abwechslungsweise
wachten sie bei ihm,
um ihn vor seinen Feinden
zu schützen.

Der Zwerg staunte,
wie behutsam der Riese
mit seinen groben Fäusten
den Vogel zu streicheln vermochte.

Und der Riese wunderte sich,
wie gut es dem Zwerg
mit seiner bösen Zunge gelang,
den Vogel zu trösten.

Der Riese und der Zwerg
hatten mit der Pflege
des verwaisten Vogels
soviel zu tun,
dass sie vergaßen,
sich gegenseitig zu quälen
und sich das Leben
schwer zu machen.

Der Vogel wurde dabei
von Tag zu Tag
ein wenig kräftiger.
Und als er anfing,
seine Flügel zu strecken,
sahen der Riese und der Zwerg
mit Verwunderung,
dass jede seiner Federn
eine andere Farbe bekam.

Sie vertieften sich
so sehr in den Anblick
der bunten Federn,
dass sie gar nicht merkten,
wie nicht nur der Vogel,

sondern auch sie selbst
sich verwandelten.

Der Riese wurde
kleiner und kleiner,
der Zwerg aber
größer und größer.

Erst als sie sich
auf gleicher Höhe
gegenüberstanden
und sich zum ersten Mal
in die Augen sahen,
hörte der Riese auf zu schrumpfen,
und der Zwerg hörte auf
zu wachsen.

Ihr Wunsch war
in Erfüllung gegangen.
Sie waren
zu Menschen geworden.

In dem Augenblick aber
spannte der Vogel
seine Flügel aus,
erhob sich aus dem Nest,
flog in den Himmel hinauf
und kam nie mehr wieder.

Nur wenn die beiden
in Versuchung kamen,
die Fäuste zu ballen
oder die Zunge herauszustrecken,
flog über ihren Köpfen
ein Vogel vorbei
und erinnerte sie
mit einer bunten Feder
an ihre alte Haut.

Das kleine Licht

In einem Wald
stand ein winziger Tannenbaum
zwischen lauter Riesen.
„Winzling!“ lachten die Riesen,
wenn sie sahen,
wie er sich vergeblich streckte,
um nur einmal ein Stück Himmel
zu ergattern.

„Verschwinde! Ich brauche Platz!“
zeterte der Farnstock,
der neben ihm stand.
Dabei wuchs er immer schneller,
rollte seine Blätter auf
und breitete sie
nach allen Seiten aus.
Winzling blieb am Ende
nichts als Schatten.

Ich muss sterben,
dachte der winzige Tannenbaum.
Doch da erschien auf einmal
ein kleines Licht
in der Dunkelheit.

„Was fehlt dir?“ fragte das kleine Licht.

„Ich möchte groß werden,
um endlich den Himmel zu sehen.
Ach, hätte ich Flügel wie die Vögel,
die mir davon erzählt haben."

„Du brauchst keine Flügel!"
flüsterte das kleine Licht.
„Du hast Wurzeln."
Mit diesen Worten
verschwand das Licht
und es wurde dunkel wie zuvor.

Wie zuvor lachten die Riesen über ihn.
Der Farnstock hörte nicht auf zu zetern
und sich breit zu machen.
„Ich habe Wurzeln", sagte Winzling.
Er spürte sie zum ersten Mal.
Sie begannen sich zu regen
und bald liefen sie
in alle Richtungen,
um ihren Weg zu finden.
Der Boden, auch wenn er sich
mit Knollen und Steinen
dagegen wehrte,
musste ihnen weichen.
Sogar eine Maus
machte sich erschrocken davon!

Winzling wuchs nicht in den Himmel hinauf,
sondern tief in die Erde hinein.

Winzling war so beschäftigt,
sich einen Platz zu erobern,
dass er keine Zeit mehr fand,
an den Himmel zu denken.
Er nahm kaum wahr,
wie der Herbst ins Land zog,
wie ein Sturm die Kronen
der Bäume zerzauste,
wie der erste Frost
die Blätter des Farnstocks lähmte
und von seiner Pracht nichts übrig ließ
als einen hässlichen braunen Strunk.

Winzling wurde nicht nur größer,
sondern auch stärker.
Um seinen Wipfel
bildete sich jedes Jahr
ein neuer Kranz von Ästen.
Und als er eines Tages
in die Höhe schaute,
sah er staunend den Himmel,
zum ersten Mal die Sonne,
leuchtend und schön.
Aber auch das kleine Licht,
den winzigen Sonnenstrahl,
der ihn aus seiner Dunkelheit
erlöst hatte.

Der goldene Fisch

In einem schönen,
von Gott erschaffenen Garten
lebten einmal
ein Mann und eine Frau.
Gott hatte ihnen
die Pflege der Pflanzen
und Bäume anvertraut,
die Sorge für die Fische,
die Vögel und die Landtiere.

Dafür schenkte der Garten
dem Mann und der Frau alles,
was sie zum Leben brauchten,
Nahrung und frisches Wasser,
den Tag und die Nacht,
den Lauf der Sonne,
den Wechsel des Mondes,
den Stand der Sterne,
die Jahreszeiten:
den Frühling, den Sommer,
den Herbst und den Winter.

Eines Tages entdeckten
der Mann und die Frau
in einem Fluss
einen Fisch.

Er besaß goldene Schuppen.
Aber als sie ihn fangen wollten,
entwischte er ihren Händen
und schwamm davon.

Der goldene Fisch
ließ dem Mann und der Frau
keine Ruhe mehr.
Sie fingen an,
ihn zu suchen,
und ihre Wege trennten sich.

Der Mann ging dem rechten,
die Frau dem linken Ufer entlang.
Beide hofften,
dem andern
mit dem Fang
zuvorzukommen.

Der Wunsch,
den goldenen Fisch zu besitzen,
beherrschte alle ihre Gedanken.

So kam es,
dass sie den ihnen anvertrauten Garten
mehr und mehr vergaßen,
die Pflege der Pflanzen und Bäume,
die Sorge um die Fische,
die Vögel und die Landtiere.

Die großen Pflanzen
zerstörten die kleinen,
und die starken Tiere
töteten die schwachen.
Die vielerlei Arten
der Pflanzen und Bäume,
der Fische, der Vögel
und der Landtiere
wurden immer weniger.

Und eines Morgens,
als der Mann und die Frau
aufwachten,
war der Garten verödet
und der Fluss ohne Wasser.

Erschrocken machten sie sich auf,
um nach seiner Quelle zu suchen.

Dort trafen sie sich
nach vielen Tagen und Nächten.
Die Quelle war ausgetrocknet
und auf ihrem Grund
lag der goldene Fisch.
Er war tot.

Da schauten sich
der Mann und die Frau
in die Augen
und weinten zum ersten Mal.

Sie wussten,
dass sie den ihnen anvertrauten Garten
für immer verloren hatten.

Auch Gott
trauerte um seinen Garten.
Aber als er sah,
wie der Mann und die Frau
niederknieten,
um mit ihren Händen
nach einer neuen Quelle zu graben,
hatte er Erbarmen.

Und weil er wusste,
dass sie es allein
nie schaffen würden,
einen neuen Garten zu bauen,
schenkte er ihnen Kinder
und den Kindern dieser Kinder
die Verantwortung.

Der Spiegel

Du hast sicher
schon von Prinzessinnen gehört,
denen kein Prinz
gut genug war,
um ihn zu heiraten.

Die Jungfrau,
von der ich hier erzähle,
war keine Prinzessin,
aber so schön,
dass viele Männer
sich um ihre Gunst
bemühten,
unter ihnen
auch ein Dichter.

Doch die Jungfrau
konnte sich für keinen
entscheiden.
Der eine war ihr zu klein,
der andere zu groß,
einer zu dünn oder zu dick,
einer zu klug oder zu dumm.

Ihre Eltern begannen,
sich Sorgen zu machen.

Sie waren alt
und fürchteten,
ihr Kind
würde eines Tages
allein auf der Welt
zurückbleiben
und seinen Stolz
bitter bereuen.

Endlich gab die Jungfrau
dem Bitten und Drängen
von Vater und Mutter nach
und sagte:
„Ich werde den heiraten,
der mir das schönste Geschenk bringt."

Da kamen viele
und versuchten,
das Herz der Jungfrau
mit einer besonderen Gabe
für sich zu gewinnen.

Ein Goldschmied brachte ihr
einen selbst gefertigten Ring.

Ein Sattler brachte ihr
einen selbst verzierten Gürtel.

Ein Schuhmacher brachte ihr
ein Paar selbst geschusterte Schuhe.

Ein Schneider brachte ihr
ein selbst genähtes Kleid.

Ein Kaufmann brachte ihr
ein selbst verdientes Goldstück.

Aber als die Jungfrau
die vielen Dinge
bewunderte
und sich damit schmückte,
konnte sie sich
weder für das eine
noch für das andere
entscheiden.
Einmal gefiel ihr das Kleid
am besten,
dann wieder der Ring,
der Gürtel, die Schuhe
oder das Goldstück.

Da kam endlich der Dichter
und brachte ihr
einen Spiegel.
„In diesem Spiegel",
sagte er,
„wirst du eine Geschichte finden."

Da stellte sich die Jungfrau
angetan
mit dem Ring des Goldschmieds,

mit dem Gürtel des Sattlers,
mit den Schuhen des Schuhmachers,
mit dem Kleid des Schneiders
und mit dem Goldstück des Kaufmanns
vor den Spiegel des Dichters.

Sie erschrak,
denn im Spiegel
sah sie einen Ring,
einen Gürtel,
ein Paar Schuhe,
ein Kleid
und ein Goldstück.
Die Schönheit aber,
auf die sie so stolz war,
suchte sie vergeblich.

„Und wo bin ich denn?"
fragte sie verzweifelt.
Sie streifte den Ring vom Finger,
löste den Gürtel,
zog die Schuhe aus,
entledigte sich des Kleides
und legte das Goldstück weg.

Da zeigte ihr der Spiegel
einen nackten Menschen
und erzählte ihr
mit diesem Bild
ihre eigene Geschichte,

die Geschichte
der Vergänglichkeit.

Da gab die Jungfrau
alle anderen Dinge zurück,
behielt den Spiegel
und heiratete den Dichter.

Der Bettler

Es war einmal ein alter König,
der viele wunderbare Schätze,
aber keine Nachkommen besaß.

Als er nun spürte,
dass auch er sterben würde,
suchte er nach einem Erben.
Doch wie sollte er
den richtigen finden?

Nach langem Nachdenken
ließ er verkünden:
„Wer dem König etwas bringt,
was er nicht schon besitzt,
soll sein Erbe sein!"

Da kamen von weit her
die Handwerker und Künstler
und brachten ihm
Kleider aus Samt und Seide,
Edelsteine in allen Farben,
Schmuck aus Gold und Silber,
Schnitzwerk aus Elfenbein,
Tiere aus fremden Erdteilen,
seltene Blumen und Bäume.

Doch es war nichts darunter,
was der König nicht schon besaß,
und er schickte alle
wieder nach Hause.

Da lief zuletzt ein Bettler daher
und brachte dem König ein Totenhemd.
Der König erschrak.
Der Bettler hatte
die Aufgabe gelöst.
Aber der König war nicht bereit,
seine Schätze
einem Bettler zu hinterlassen.
Darum jagte er ihn davon.

Wieder dachte er lange nach.
Dann ließ er verkünden:
„Wer dem König etwas erzählt,
was nicht schon in seinen Büchern steht,
soll sein Erbe sein!"

Da kamen von weit her
die Gelehrten und Dichter
und erzählten ihm
von Menschen in fernen Ländern,
vom Lauf der Gestirne,
von großen Erfindungen,
aber auch von den Dingen
zwischen Himmel und Erde,
die nicht zu begreifen sind.

Doch es war nichts dabei,
was nicht schon in seinen Büchern
zu lesen stand,
und er schickte alle
wieder nach Hause.

Da lief der gleiche Bettler daher
und sagte:
„Was in keinem deiner Bücher steht,
ist die Stunde deines Todes."

Der König erschrak zum zweiten Mal.
Wieder hatte der Bettler
die Aufgabe gelöst.
Doch der König war
immer noch nicht bereit,
seine Schätze
einem Bettler zu hinterlassen.
Darum jagte er ihn davon.

Nun dachte der König
nur noch an das,
was in keinem seiner Bücher
zu lesen stand,
und er ließ verkünden:
„Wer dem König
die Stunde seines Todes
voraussagen kann,
soll sein Erbe sein!"

Da kamen von weit her
die Sterndeuter und Wahrsager.
Aber weil keiner
die Aufgabe zu lösen vermochte,
versuchten sie sich
mit Andeutungen
und leeren Sprüchen
herauszureden.
Doch der König durchschaute sie
und schickte alle
wieder nach Hause.

Er sehnte sich nach dem Bettler.
Und als er dahergelaufen kam,
begrüßte er ihn
wie einen Freund:
„Wenn du die Antwort
auf meine Frage weißt,
will ich mein Versprechen halten
und dich zu meinem Erben machen."

Der Bettler
begann seine Kleider
auszuziehen und sagte:
„Wie die deinen
sind sie nur geliehen.
Ich brauche deine Schätze nicht."

Da erschrak der König
zum dritten Mal.

Unter den Kleidern des Bettlers
erkannte er den Tod
wie einen sanften Bruder.

Aber bevor ihn der Tod
in seinen Armen
mit sich nahm,
verteilte der König
seine wunderbaren Schätze
unter die Bettler.

Der Wunsch des Hirten

Es war einmal ein Hirte,
der außer einigen Schafen
nichts besaß
als eine Flöte,
die er sich aus dem Ast
eines Holunderbaumes
geschnitzt hatte.

Es verging kein Tag,
ohne dass er
darauf spielte,
einmal laut, einmal leise,
manchmal fröhlich,
manchmal traurig,
je nachdem,
wie es ihm zumute war.
Dabei erfüllte ihn
der Wunsch
nach vollkommener Schönheit.
Und die Hoffnung,
sie zu finden,
schenkte ihm neue Melodien.

Eines Tages,
als er wieder
auf seiner Flöte spielte,

entdeckte er einen Vogel.
Er saß auf dem Holunderbaum
und hörte ihm zu.
Sein Federkleid
leuchtete in allen Farben
des Regenbogens.

Oh, dachte der Hirte erschrocken,
das ist die Schönheit,
nach der ich mich sehne.

Er schlich sich
an den Holunderbaum heran,
um den Vogel zu fangen.
Doch als er ihn
mit den Händen fassen wollte,
erhob sich der Vogel
in die Luft
und flog ins Geäst
einer Tanne.
Der Wunsch des Hirten,
den Vogel zu besitzen,
war so groß,
dass er ihn verfolgte.

Aber als er
zu der Tanne kam,
erhob sich der Vogel
in die Luft
und flog davon.

An seiner Stelle
fand der Hirte nichts als
eine von einer Katze
bedrohte Amsel.

Er vertrieb die Katze
und entdeckte
im gleichen Augenblick
den Vogel
am Rande eines Weihers.

Aber als er
zu dem Weiher kam,
erhob sich der Vogel
in die Luft
und flog davon.

An seiner Stelle
fand der Hirte nichts als
einen im Netz
gefangenen Fisch.

Er befreite ihn
und sah
im gleichen Augenblick
den Vogel
auf der Kuppe eines Hügels.

Aber als er
zu dem Hügel kam,

erhob sich der Vogel
in die Luft
und flog davon.

An seiner Stelle
fand der Hirte nichts als
eine von der Hitze
ausgetrocknete Blume.

Kaum hatte er
die Blume bewässert,
entdeckte er den Vogel
von weit
am Ufer des Meeres.

Aber als auch der Hirte
endlich ans Ufer des Meeres kam,
entfaltete der Vogel
zwei große Schwingen
und flog übers Wasser
der untergehenden Sonne zu.

Ach, dachte der Hirte,
die Schönheit hat mich
zum Narren gehalten.
Enttäuscht machte er sich
auf den Weg zurück
nach Hause
zu seinen Schafen.

Aber als er auf den Hügel kam,
öffnete sich vor seinen Augen
eine wunderbare Blume.
Am Weiher erwartete ihn ein Fisch,
der sich des Lebens freute.
Und auf dem Ast der Tanne
grüßte ihn eine Amsel
mit ihrem Lied.

Da ahnte der Hirte,
dass es einen Sinn hatte,
sich bis ans Ende seiner Tage
mit seinen Melodien
nach vollkommener Schönheit zu sehnen,
auch wenn sie nie mit Händen zu fassen war.

♊

Der grüne Fuchs

An einem Waldrand
wohnte ein kleiner grüner Fuchs.
Wenn er vor seiner Höhle saß,
sah er in der Nähe einen Bauernhof
und in der Ferne die Türme der Stadt.
Er hörte die Vögel singen,
die Kühe muhen,
die Mähmaschinen knattern
und das Läuten der Kirchenglocken.
Er kannte den Tag und die Nacht,
die Sonne, den Mond und die Sterne.
Er wusste um die Jahreszeiten,
den Frühling, den Sommer,
den Herbst und den Winter.

Seit der Jäger
seine Mutter totgeschossen hatte,
fand er niemanden mehr,
der mit ihm die Höhle teilen wollte,
den Tag und die Nacht,
den Frühling, den Sommer,
den Herbst und den Winter.

„Nein“, sagten die roten Füchse,
„mit einem grünen Fuchs
wollen wir nichts zu tun haben.“

Eines Tages
jagte er vor dem Bauernhof
ein weißes Hühnchen.

„Du gefällst mir“, sagte er,
packte das Hühnchen
und schleppte es nach Hause.
„Willst du mit mir die Höhle teilen,
den Tag und die Nacht,
den Frühling, den Sommer,
den Herbst und den Winter?“ fragte er.
„Nein!“, schrie das Hühnchen,
drückte sich in eine Ecke
und zitterte vor Angst.
Da wurde der kleine grüne Fuchs böse
und fraß es auf.

Bald darauf jagte der kleine grüne Fuchs
im Rübenacker ein braunes Häschen.
„Du gefällst mir“, sagte er,
packte das Häschen
und schleppte es nach Hause.
„Willst du mit mir die Höhle teilen,
den Tag und die Nacht,
den Frühling, den Sommer,
den Herbst und den Winter?“ fragte er.
„Nein!“ schrie das Häschen,
drückte sich in eine Ecke
und zitterte vor Angst.

Da wurde der kleine grüne Fuchs böse
und fraß es auf.

Dann jagte der kleine grüne Fuchs
am Fuß einer Tanne ein rotes Eichhörnchen.
„Du gefällst mir", sagte er,
packte das Eichhörnchen
und schleppte es nach Hause.
„Willst du mit mir die Höhle teilen,
den Tag und die Nacht,
den Frühling, den Sommer,
den Herbst und den Winter?" fragte er.
„Nein!" schrie das Eichhörnchen,
drückte sich in eine Ecke
und zitterte vor Angst.
Da wurde der kleine grüne Fuchs böse
und fraß es auf.

„Warum nur
haben sie alle Angst vor mir?"

Der kleine grüne Fuchs
schlich durch den Wald.
Er lief über Äcker und Wiesen
und stand in der Dunkelheit
allein und einsam vor dem Bauernhof.
Da grüßte ihn am Gartenhang eine Rose.
„Du gefällst mir", sagte er,
brach die Rose ab
und trug sie nach Hause.

„Willst du mit mir die Höhle teilen,
den Tag und die Nacht,
den Frühling, den Sommer,
den Herbst und den Winter?" fragte er.
„Ja", nickte die Rose
und erfüllte seine Höhle
mit einem köstlichen Duft.
Der kleine grüne Fuchs war glücklich
und wie verzaubert.

Doch am Tag darauf
war die Rose verwelkt
und ihre Blätter lagen auf der Erde.
„Du hast mich betrogen",
sagte der kleine grüne Fuchs,
nahm die Blume
und warf sie weg.
Aber als er in die Höhle zurückkam,
da war die Rose noch immer da.
Der köstliche Duft,
den sie ihm geschenkt hatte,
war geblieben.

Staunend setzte er sich vor seine Höhle.
Er sah in der Nähe einen Bauernhof
und in der Ferne die Türme der Stadt.
Er hörte die Vögel singen,
die Kühe muhen,
die Mähmaschine knattern
und das Läuten der Kirchenglocken.

In seinem Herzen aber
lebte die Rose.
Sie hatte ihm etwas geschenkt,
was nicht mit den Augen zu sehen,
noch mit Worten zu fassen war.

Eines Tages
würde ein kleiner grüner Fuchs
des Weges kommen,
die Höhle mit ihm teilen,
den Tag und die Nacht,
den Frühling, den Sommer,
den Herbst und den Winter.
Wenn er nur Geduld hatte,
zu warten.

Der Angsthase

Es war einmal
ein kleiner Junge,
der große Angst hatte.
Er fürchtete sich nicht nur
vor der Dunkelheit,
vor Gewittern
und bellenden Hunden,
vor allem fürchtete er sich
vor den Menschen.

Er wagte niemandem
zu widersprechen
und sich mit
niemandem zu prügeln.
Wenn jemand
das Wort an ihn richtete,
zuckte er zusammen
und machte ein Gesicht,
dass alle über ihn lachten
und ihn einen
Angsthasen nannten.

Darum suchte er
überall nach Höhlen,
in denen er sich
verstecken konnte.

Dort dachte er sich
Geschichten aus:
Er besiegte einen Drachen,
kämpfte gegen einen Löwen
und erlöste
eine schöne Prinzessin.

Aber je größer er wurde,
umso weniger fand er Höhlen,
um sich darin zu verstecken.

Darum erwarb er sich
eine schwere Rüstung
und ein scharfes Schwert

Da merkte er,
dass die Menschen,
die er fürchtete,
einen weiten Bogen
um ihn machten
und Angst vor ihm hatten.

Doch eines Tages
begegnete er der Prinzessin,
die er als kleiner Junge
erlöst hatte.
Er war glücklich.
Sicher würde sie
ihn wiedererkennen.

Aber als er auf sie zuging,
wich sie zurück.
Und als er sie verfolgte,
verkroch sie sich
in eine Höhle,
deren Eingang so eng war,
dass er mit seiner Rüstung
und mit seinem Schwert
nicht hineingelangen konnte.

„Komm heraus!"
rief er.
„Ich bin der,
der dich erlöst hat!"

„Ich erkenne dich nicht,
und ich habe Angst vor dir",
rief sie zurück.

Da legte er
sein Schwert zur Seite
und rief zum zweiten Mal:
„Komm heraus!
Ich bin der,
der dich erlöst hat!"

„Ich erkenne dich nicht,
und ich habe Angst vor dir",
rief sie zurück.

Da zog er
auch seine Rüstung aus
und rief zum dritten Mal:
„Komm heraus!
Ich bin der,
der dich erlöst hat!"

Da kam sie
aus der Höhle heraus
und erkannte
in seiner Blöße
den kleinen Jungen wieder.
Sie erlöste ihn
mit ihrer Liebe
von seiner großen Angst.
Und so brauchte er
in Zukunft
weder eine Rüstung
noch ein Schwert,
wenn er einem Menschen begegnete.

Aber hin und wieder
verkrochen sie sich
zusammen in eine Höhle,
weil sie so gerne hörte,
wie er als kleiner Junge
einen Drachen besiegt,
gegen einen Löwen gekämpft
und eine schöne Prinzessin
erlöst hatte.

Ich will hinaus

Ich möchte dir die Geschichte
eines kleinen Vogels erzählen.
Ich will ihm keinen Namen geben.
Vielleicht heißt er wie du.

Der kleine Vogel
lebte in einem Käfig.
Im Winter
stand der Käfig neben einem Ofen
an der Wärme.
Im Sommer
hing er in einer grünen Laube
im Schatten.

Ich liebte den kleinen Vogel.
Ich hielt seinen Käfig sauber,
gab ihm frisches Gemüse,
Körner und Wasser.
Er dankte mir dafür.
Er sang und zwitscherte
und rief meinen Namen.

Ich habe es gut,
dachte der kleine Vogel.
Ich habe genug
zu essen und zu trinken.

Ich habe einen Ast,
auf dem ich
herumklettern kann.
Ich habe eine Schaukel zum Turnen
und eine Muschel,
um mir den Schnabel zu wetzen.

In der Nachbarschaft lebten
drei Katzen,
eine schwarze,
eine weiße
und eine gefleckte.
Stundenlang
konnten sie vor dem Käfig
des kleinen Vogels sitzen und
jede seiner Bewegungen verfolgen.
Doch hinter dem Gitter
brauchte er
sie nicht zu fürchten.

Eines Tages, mitten im Sommer,
sah der kleine Vogel
einen Ballon
in den Himmel aufsteigen.

Aus eigener Kraft
schwebte er dahin,
höher und höher,
bis er nur noch
als winziger Punkt zu sehen

und endlich
eins mit dem Himmel war.

Der kleine Vogel
staunte ihm nach
und zum ersten Mal
regten sich seine Flügel.
Im gleichen Augenblick
flog ein anderer Vogel
an seinem Käfig vorbei,
setzte sich auf den Wipfel einer Tanne
und sang aus voller Kehle.

Mein kleiner Vogel
saß in einer Ecke seines Käfigs
und brütete vor sich hin.
Lange wusste ich nicht,
was ihn plagte.
„Du hast es gut“,
sagte ich zu ihm.
„Du hast genug zu essen und zu trinken.
Du hast einen Ast,
auf dem du herumklettern kannst.
Du hast eine Schaukel zum Turnen
und Muschelkalk, um den Schnabel zu wetzen.
Was fehlt dir nur?“

„Ich will hinaus“, sagte er.
Da erzählte ich ihm
von der schwarzen Katze.

„Ich habe Angst um dich."
„Wozu habe ich Flügel?"
fragte der kleine Vogel.
„Also flieg!" sagte ich zu ihm
und öffnete den Käfig.
Er flog bis zum Rosenstrauch,
setzte sich zwischen die Blüten
und ihr Duft verzauberte ihn.

Da tappte die schwarze Katze
an den Zweigen entlang
und packte den kleinen Vogel,
doch er befreite sich
aus ihren Krallen
und kehrte in seinen Käfig zurück.
Der Katze blieb nichts
als eine Feder
aus seinem rechten Flügel.

Am folgenden Morgen
sagte der kleine Vogel
zum zweiten Mal:
„Ich will hinaus!"
Da warnte ich ihn
vor der weißen Katze.
„Ich habe Angst um dich!"
„Ich habe Flügel",
sagte der kleine Vogel.
„Also flieg!" sagte ich
und öffnete den Käfig.

Er flog am Rosenstrauch vorbei
zum Gemüsebeet,
begann nach Würmern zu picken
und sie schmeckten ihm.

Die weiße Katze schlich sich an
und packte den kleinen Vogel,
doch er befreite sich
aus ihren Krallen
und kehrte in seinen Käfig zurück.
Der Katze blieb nichts
als eine Feder
aus seinem linken Flügel.

Als die Sonne aufging,
sagte der kleine Vogel
zum dritten Mal:
„Ich will hinaus!"
Nun warnte ich ihn auch
vor der gefleckten Katze.
„Ich habe Angst um dich".
„Ich habe Flügel",
sagte der kleine Vogel.
„Also flieg!" sagte ich
und öffnete den Käfig.
Der kleine Vogel flog
am Rosenstrauch vorbei,
über das Gemüsebeet
zum Brunnen.

Im Wasserspiegel
entdeckte er einen kleinen Vogel
und erkannte sich selbst.

Die gefleckte Katze
sprang in die Luft
und packte den kleinen Vogel,
doch er befreite sich
aus ihren Krallen
und kehrte in seinen Käfig zurück.
Der Katze blieb nichts
als eine Feder
aus seiner Brust.

„Ich bin nicht stark genug",
sagte ich am vierten Tag
zu dem kleinen Vogel.
„Ich habe nicht den Mut,
dich noch einmal fliegen zu lassen."
Ich machte seinen Käfig sauber,
gab ihm frisches Gemüse,
Körner und Wasser.

Der kleine Vogel
dankte mir dafür.
Doch dabei dachte er
an den Duft der Rosen,
erinnerte sich an seine Lust,
nach Würmern zu picken,
sah sein Spiegelbild im Brunnen.

Am fünften Tag
öffnete er
die Tür seines Käfigs selbst.
Erlöst flog er
für immer davon.
Am Rosenstrauch vorbei,
über das Gemüsebeet und
über den Brunnen,
höher und höher…

Der kleine Vogel landete
auf dem Wipfel einer Tanne.
Dort wartete auf ihn
der andere kleine Vogel
und es dauerte nicht lange,
so begannen sie zu singen.

Ich glaube, meinen Namen
gehört zu haben,
ganz leise,
wie ein Windhauch nur,
aber
meinen Namen.

Manchmal sehe ich
einen Ballon,
der aus eigener Kraft
davon schwebt,
bis er nur noch
als winziger Punkt zu sehen ist

und endlich
eins mit dem Himmel wird.
Dann denke ich
ohne Angst
an den kleinen Vogel.

Beinahe habe ich vergessen
zu erzählen,
dass ich im Garten
die drei Federn des kleinen Vogels fand,
eine aus seinem rechten,
die andere aus seinem linken Flügel,
die dritte aus seiner Brust,
nahe bei seinem Herzen.

Komm nur herein

In einem Märchenhaus
wohnte eine gute Fee,
zusammen
mit einer winzigen Maus.
Die gute Fee verstand
die Sprache der Tiere
und besaß die Gabe,
Geschichten zu erzählen.

Die winzige Maus
saß stundenlang
zu ihren Füßen
und wurde nicht müde,
zuzuhören.
Von Zeit zu Zeit
huschte sie der Fee
über die Zehen,
um sie zärtlich zu kitzeln.

Doch eines Morgens
klopfte eine Katze
an die Tür
und bat um eine Geschichte.
„Oh, du gefällst mir“,
sagte die gute Fee,
„komm nur herein!“

Als die winzige Maus
die Katze erblickte,
erstarrte sie vor Schreck,
dann aber rannte sie davon
und verkroch sich
unter einer Kommode.

Wie kann die gute Fee
mir das antun!
dachte die winzige Maus,
als sie hörte,
wie die gute Fee
der kleinen Katze
eine Geschichte erzählte,
die sie noch nie gehört hatte,
eine wunderbare Katzengeschichte.

Am Nachmittag klopfte es
zum zweiten Mal an die Tür.
Draußen stand ein großer Hund
und bettelte um eine Geschichte.
„Oh, du gefällst mir",
sagte die gute Fee,
„komm nur herein!"
Als die kleine Katze
den großen Hund erblickte,
sprang sie der guten Fee
auf den Schoß.

„Ich lasse mich nicht vertreiben!"

fauchte sie,
„ich bleibe!"
Der Hund knurrte,
doch dann legte er sich
der guten Fee zu Füßen
und hatte keinen anderen Wunsch,
als eine Geschichte zu hören,
eine wunderbare Hundegeschichte.

Neugierig geworden,
streckte die Maus
das Köpfchen
aus ihrem Versteck hervor.

Da lag zu Füßen der guten Fee
ein großer Hund
und in ihre Arme
kuschelte sich die kleine Katze.
Hatte die gute Fee
sie einfach vergessen?
Gleich begann sie
laut und emsig
an einem Fuß
der Kommode zu knabbern.

Doch der Hund, die Katze
und die gute Fee
waren so sehr
in die Geschichte vertieft,
dass sie nichts anderes hörten,

als das Pochen
ihres eigenen Herzens.

Als es dämmerte,
erhob sich die gute Fee
und verschwand in der Küche.

Im Nu standen auf dem Tisch
die köstlichsten Dinge.
Süßer Most und Milch,
Brot und Wurst,
Speck und Käse,
Äpfel und Nüsse,
ein großer Teller für den Hund,
ein kleiner Teller für die Katze
und ein winziges Tellerchen
für die winzige Maus.

Der Hund und die Katze
wollten sich gleich
über das Essen hermachen,
doch die gute Fee hielt sie zurück:
„Geduld!“ sagte sie,
„noch sind nicht alle
meine Zuhörer da.“

„Wer mag das sein?“ rätselten
der Hund und die Katze.
Doch da kam
zu ihrer großen Verwunderung

eine winzige Maus
unter der Kommode hervor
und lief tapfer zu ihrem Tellerchen.
„So“, sagte die gute Fee,
„nun lasst es euch schmecken.“

Als der Mond durchs Fenster guckte,
zog es die Katze und den Hund
in die Nacht hinaus.
Die gute Fee
mit der winzigen Maus
auf der Schulter
stand am Fenster
und winkte zum Abschied.
Hoffentlich kommen sie morgen wieder,
dachte die winzige Maus.
„Sie kommen morgen wieder“,
sagte die gute Fee.

Dann erzählte sie der winzigen Maus
eine unendlich lange
Gutenachtgeschichte
von einem großen Hund,
einer kleinen Katze und
von einer winzigen Maus,
die sich, wenn sie Kummer hatte,
nicht anders zu helfen wusste,
als am Fuß einer Kommode zu knabbern.
„Dafür“, lächelte die gute Fee,
„dafür sind Kommoden da.“

Jedes auf seine Art

Eine Hasenmutter
hatte drei Kinder zur Welt gebracht
und nannte sie
Stoppel, Poppel und Hoppel.

Stoppel, Poppel und Hoppel
glichen sich wie ein Ei dem anderen.
Sogar ihre Mutter hatte manchmal Mühe,
sie auseinander zu halten.

Oft kam es vor,
dass sie mit Poppel schimpfte,
doch es war gar nicht Poppel,
sondern Stoppel oder Hoppel,
der sich wieder einmal
zu weit vom Nest entfernt hatte.

Je größer sie wurden,
umso mehr Spaß machte es
Stoppel, Poppel und Hoppel,
andere Tierkinder
zum Narren zu halten.

Doch eines Tages
begegnete Stoppel
einem Eichhörnchen.

Das gefiel ihm so sehr,
dass er zu ihm sagte:
„Ich bin Stoppel.
Willst du mein Freund sein?"
„Wie kann ich dein Freund sein,
wenn ich nicht sicher bin,
ob du wirklich Stoppel bist
und nicht Poppel oder Hoppel!"
sagte das Eichhörnchen.

Poppel aber
begegnete einem Igel.
Der gefiel ihm so sehr,
dass er zu ihm sagte:
„Ich bin Poppel.
Willst du mein Freund sein?"
„Wie kann ich dein Freund sein,
wenn ich nicht sicher bin,
ob du wirklich Poppel bist
und nicht Stoppel oder Hoppel!"
sagte der Igel.

Hoppel aber
begegnete einem Fuchs.
Der gefiel ihm so sehr,
dass er zu ihm sagte:
„Ich bin Hoppel.
Willst du mein Freund sein?"
„Wie kann ich dein Freund sein,
wenn ich nicht sicher bin,

ob du wirklich Hoppel bist
und nicht Poppel oder Stoppel!"
sagte der Fuchs.

„Ich mache mir Sorgen",
sagte die Mutter.
„Was ist nur mit euch los?"
Stoppel, Poppel und Hoppel
saßen im Nest und hatten jede Freude
an Spaß und Spiel verloren.
„Eine Reise würde euch gut tun!"

Also machten die drei sich
gehorsam auf den Weg.
Als aber plötzlich
die Sonne hinter einem Hügel
zum Vorschein kam,
rief Stoppel:
„Oh, ich möchte dort sein,
wo sie aufgeht!"
„Und ich dort,
wo sie am höchsten steht!"
schrie Poppel.
„Und ich", sagte Hoppel,
„ich möchte sehen,
wie die Sonne untergeht."

„Dann müssen wir uns trennen",
sagten sie erschrocken.

Stoppel lief nach Osten.
Poppel nach Süden
und Hoppel nach Westen.

Unterwegs kam Stoppel
zu einem Rübenacker,
wie er noch nie einen gesehen hatte.
Ohne sich lange zu besinnen,
fing er an zu fressen
und war zufrieden wie noch nie.

Poppel begegnete am Waldrand
einigen Hasen, die dabei waren,
ein Wettrennen zu veranstalten.
Er rannte aus Leibeskräften mit
und kam als erster ans Ziel.
Er wurde als Sieger gefeiert
und war stolz wie noch nie.

Hoppel aber lief den ganzen Tag,
bis er zu einem großen See kam.
Zum ersten Mal erlebte er,
wie die Abendsonne
langsam im Wasser versank.
Das machte ihn glücklich
und traurig zugleich.

Als Stoppel, Poppel und Hoppel
wieder nach Hause kamen,
stand der Mond am Himmel.

Die Mutter war froh,
ihre Kinder gesund wieder zu sehen.

„Schau mich an“,
lachte Stoppel
und zeigte auf seinen runden Bauch.
„Voll mit Kraut und Rüben.“

„Komm näher“,
prahlte Poppel
und spielte mit seinen Muskeln.
„Ich habe ein Rennen gewonnen!“

Und Hoppel?
Hoppel erzählte von der Sonne,
wie sie nicht nur das Wasser,
den Himmel und die Wolken,
sondern auch ihn selbst
mit ihrem Licht verzaubert hatte.

„Nun wird es einfach sein,
euch auseinander zu halten
und jeden mit seinem Namen zu rufen“,
lachte die Mutter.
Es dauerte auch nicht lange,
da befreundeten sich
das Eichhörnchen
mit Stoppel, dem Feinschmecker,
der Igel
mit Poppel, dem Sieger,

und der Fuchs
mit Hoppel, dem Träumer.

„Und ich habe den einen
so lieb wie den anderen",
erzählte die Mutter allen,
die es hören wollten.

„Warum nur?"
fragte sich ein Zeisig,
der schon seit vierzehn Tagen
auf seinen Eiern saß
und von seinem Nest aus
alles miterlebt hatte.
Doch dann vergaß er,
nach einer Antwort zu suchen,
denn in dem Augenblick
spürte er zum ersten Mal,
wie seine drei Kinder
ungeduldig mit ihren Schnäbelchen
an die Eierschalen pochten,
um hinauszuschlüpfen
und die Welt zu entdecken,
jedes auf seine Art.

Das Sonnengeheimnis

Auf dem Giebel
einer verlassenen Scheune
saßen zwei junge Amseln.
Es war Frühling.
Die Bäume blühten
und auf den Wiesen stand der Löwenzahn.
Die Sonne vergoldete ihn.
„Wo kommt sie her?"
fragten sich die beiden Amseln
am Morgen,
wenn die rote Scheibe
hinter dem Wald emporstieg.
„Und wohin geht sie?"
fragten sie sich
am Abend,
wenn sie hinter dem Hügel
wieder unterging.
„Ein Rätsel", sagte die erste Amsel.
„Lass es uns lösen", sagte die zweite.
„Ich fliege gegen Morgen",
sagte die erste Amsel.
„Ich fliege gegen Abend",
sagte die zweite Amsel.
„Beim nächsten Vollmond
treffen wir uns wieder",
versprachen sie sich.

Die erste Amsel
flog den ganzen Tag
und eine ganze Nacht.

Am Morgen
erreichte sie das Ende eines Waldes.
Aber da war keine Sonne,
sondern ein Dorf
und hinter dem Dorf wieder ein Wald.
Sie hatte keine Lust mehr weiterzufliegen.

„Woran denkst du?"
fragte plötzlich eine Stimme.
Es war eine junge Amsel,
die sich eben bereit machte,
die aufgehende Sonne
mit einem Lied zu begrüßen.
„Weißt du, woher sie kommt?"
fragte die erste Amsel.
„Nein", antwortete die junge Amsel,
„ich bin zufrieden,
dass es sie gibt.
Lass uns zusammenbleiben
und uns darüber freuen."
„Du hast Recht",
sagte die erste Amsel.

Die zweite Amsel
flog die ganze Nacht
und einen ganzen Tag.

Am Abend
erreichte sie die Anhöhe eines Hügels.
Aber da war keine Sonne,
sondern ein Dorf
und hinter dem Dorf wieder ein Hügel.
„Ich bin noch nicht am Ziel",
dachte die Amsel, „ich will weiterfliegen."

„Woran denkst du?"
fragte plötzlich eine Stimme.
Es war eine junge Amsel,
die sich eben bereit machte,
die untergehende Sonne
mit einem Lied zu verabschieden.
„Weißt du, wohin sie geht?"
fragte die zweite Amsel.
„Nein", antwortete die junge Amsel,
„ich bin zufrieden, dass es sie gibt.
Lass uns zusammenbleiben
und uns darüber freuen."

„Nein", sagte die zweite Amsel
und flog davon,
die ganze Nacht und einen ganzen Tag.
Am Abend erreichte sie
die Anhöhe des zweiten Hügels.
Aber da war keine Sonne,
sondern eine Stadt
und hinter der Stadt wieder ein Hügel.

„Ich bin noch nicht am Ziel“,
dachte sie
und flog weiter.
Und alles, was sie sah,
erfüllte sie mit Staunen.

Als der Mond voll war,
erinnerten sich beide Amseln
an ihr Versprechen.
Sie flogen zurück
auf den Giebel der verlassenen Scheune,
die erste einen kurzen,
die zweite einen langen Weg.

Die erste Amsel fing sogleich an,
von der Begegnung
mit der jungen Amsel zu erzählen,
vom Bau eines Nestes,
von gefährlichen Katzen
und von drei Kindern,
die aus drei Eiern geschlüpft waren.

„Und die Sonne?“
unterbrach sie die zweite Amsel,
„hast du sie vergessen?
Weißt du nun, woher sie kommt?“

„Nein,
ich bin zufrieden,
dass es sie gibt“,

sagte die erste Amsel,
„und du?
Hast du das Rätsel gelöst?"

„Ja", sagte die zweite Amsel,
„die Sonne ist kein Rätsel,
sondern ein Geheimnis."
„Was ist das, ein Geheimnis?"
fragte die erste Amsel.
„Es schenkt mir die Kraft,
unterwegs zu bleiben",
antwortete die zweite Amsel.

„Ich muss nach Hause zurück,
um meine Jungen zu füttern",
meinte die erste Amsel.
Die zweite Amsel aber flog weiter,
über Hügel und Berge,
über Städte und Dörfer,
über Felder und Wälder,
über Seen und Flüsse,
über die Wüste und das Meer,
staunend,
immer der Sonne entgegen.

Der Dichter und die Maus

Auf einer Wiese
lebte eine Maus,
die sich so sehr
vor Katzen fürchtete,
dass sie sich nicht mehr ins Freie wagte.
„Ach, wäre ich eine Katze", seufzte sie.

Sie wäre verhungert,
wenn nicht ein Dichter
ihr Seufzen gehört
und ihr den Wunsch erfüllt hätte.

Nun brauche ich
keine Angst mehr zu haben,
dachte die in eine Katze verzauberte Maus.
Doch als sie über die Wiese lief,
um Mäuse zu fangen,
stellte sich ihr ein Wolf entgegen.

Er hätte sie gefressen,
wenn sie nicht
auf einen Baum geklettert wäre.
„Ach, wäre ich ein Wolf", seufzte sie.

Auf dem Baum
säße sie heute noch,

wenn nicht der Dichter
ihr Seufzen gehört
und ihr den Wunsch erfüllt hätte.

Nun brauche ich
keine Angst mehr zu haben,
dachte die in einen Wolf verzauberte Maus.
Doch als sie über eine Weide lief,
um ein Schaf zu reißen,
erschien ein Löwe.

Er hätte sie gefressen,
wenn sie nicht in einer Höhle
Zuflucht gefunden hätte.
„Ach, wäre ich doch ein Löwe", seufzte sie.

In der Höhle
säße sie heute noch,
wenn nicht der Dichter
sie entdeckt
und ihr den Wunsch erfüllt hätte.

Nun bin ich der König aller Tiere
und brauche mich vor nichts
und niemandem mehr zu fürchten,
dachte die in einen Löwen verzauberte Maus.

Doch als sie sich in die Sonne legte,
um endlich das Leben zu genießen,
kam ein Jäger daher

und hätte sie erschossen,
wenn nicht
im allerletzten Augenblick
der Dichter gekommen wäre
und sie wieder zu dem gemacht hätte,
was sie war,
eine Maus.

Als der Jäger
mit angelegtem Gewehr
zu seinen Füßen plötzlich
etwas rascheln hörte
und anstelle eines Löwen
eine Maus sah,
schrie er auf,
warf die Flinte ins Korn
und machte sich davon.

Die Maus aber
kehrte auf die Wiese zurück,
um allen Mäusen zu erzählen,
was sie erlebt hatte.
Vor allem prahlte sie,
wie sie sogar einen Jäger
in die Flucht geschlagen hatte.

Und sie war so glücklich,
dass sie keinen anderen Wunsch mehr hatte,
als sie selbst zu bleiben,
eine zarte kleine Maus.

Genau das hatte sich der Dichter
von seiner Zauberkraft erhofft
und darum machte er sich zufrieden
auf den Weg in die Welt hinaus,
in die große weite Welt der Phantasie.

Inhalt